地方自治最前線～どう実現する『政策法務』

「政策法務」は地方自治の柱づくり

基本条例を考える～

辻山　幸宣

朝日カルチャーセンター地方自治講座ブックレットNo. 4

はじめに　地方分権はシステム・バランスの回復

政策法務がこれから大変面白くなる。なぜならば、分権改革が行われて、地方自治体が扱う視野が大きく変わる。従ってそこには面白さがあるし責任も重くなりますという話をしようと思っています。神野直彦先生の『システム改革の政治経済学』という名著がありますが、その中の「システム・バランス」という考え方を援用して、私なりの整理をしてみたい。

よく地方分権というのは、明治以来中央に集まり過ぎた権限を地方へ分散することによって、中央集権の持っている弊害を克服すると同時に、地域に生き生きとして多様な社会を生み出すのだと言われるのですが、私は「本当にそうか」と思っております。

もっと大きな枠組みで言うと、国家のサブシステム、すなわち政治システム、社会システム、

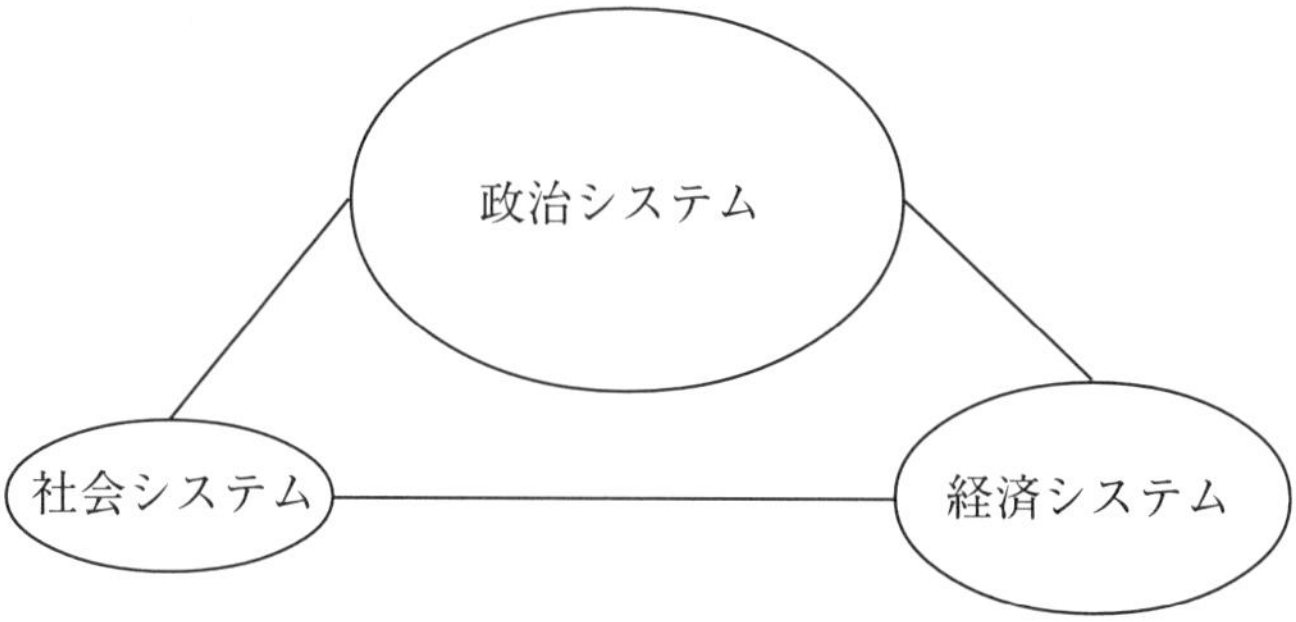

そして経済システム、この三つのシステム・バランスが戦後50年の間に大きく歪んでしまって、それを何とか回復しないと、もうこの国自体が持たなくなってきているという認識なんです。それを私なりに理解すると、今度の地方分権改革というのは、このシステム間のバランス改革なんです。

現在の日本は図のようにシステム間のバランスが大きく狂ってしまった。「政治システム」というのは要するに政府公共部門です。「経済システム」というのは企業を中心とする市場と考えて頂くといい。分かりにくいのは「社会システム」です。これは、他のシステム（政治・経済システム）がまだ分離独立する前に、人々が暮らしていく中でいろんな課題が出てきた時に、どう処理しようかというので生み出されたシステムです。

例えば大雨が降って道がぬかるんでしまった。どうしようかというので、「川から砂利でもすくってきて道普請でもしようかいな」というような話なんですね。誰がやるかというと、まだ政治システムが自立してなければそこに暮らしている人々がやるしかないわけですね。橋が流れたとなれば、山から木を切ってきて橋を修繕する。

これもある種の社会システムとしての機能だったと思うわけです。しかし、それがなければ人々の暮らしは成り立たなかった。

Ⅰ　システム・バランスを欠いた社会

1　政治システムへの依存　「公」の「官」化

そのようなものから次第に「政治システム」が離陸していく。離陸していく過程はいろいろです。モデル的には、例えば「何月何日に道普請をしましょう」というふうに決める。決めるのだけれども人々が集まってこない。それはヨーロッパでいうところの産業革命以降、人々の暮らし方が多様化していって、地域社会の外で働く通勤者がでる。農業をやっている人達はその日が皆暇なんだけれども、そうじゃない人は時間がとれないといって集まらない。

集まらなければどうするか。ペナルティといいますか、ある種の金納、お金を納める。今でもあるでしょう。関東ではこれを「出不足」といったりしているようです。高いところで一回五千円以内、安いところで五百円ぐらい。今でも町内会とか自治会の作業に出てこれない時にやっていますね。次第に工業化が進んでくると、皆お金は届けてくるんだけれども、労働力がゼロ。役員しかいない。やるべき作業があるのに処理できないということになる。そこで、ここにこんなにお金があるのだったら、これで専門にやってくれる方を雇用したらどうだろうかということになり、例えば道普請専門にやって頂く。あっこれは便利だなと思ったんですね。じゃあ川ざらいも今度はお金を払ってやってもらおうじゃないかと、次第に専門家の役割が大きくなってくるわけでして、このプロセスを通じて地域社会から一種の政治システムというものが分離していく、そういう経過を経ているると考えるわけです。

これはモデル的な言い方ですが、そこが役割をどんどん果たすようになると、次第に社会システムが本来果たしていたものが政治システムに吸収されて、ここにいわば「依存の関係」が発生するといわれるわけです。同時に社会が持っていた機能が空洞化していく。

こうして、いわば「共同体の失敗」という現象が「政治システム」の社会からの離陸を促したと考えることができそうです。

2　経済システムへの依存　「生活空間」の「私」化

一方、経済システムとの関係でいいますと、もちろん経済システムは産業革命以降自前でどんどん自立し拡大していくわけですが、それまでは、例えば冠婚葬祭とか、家を建てるとかいうこともすべて社会システムの機能で営んでいたというのはご承知だと思います。集落で葬式を出す、集落で結婚式を出す。集落が最後に機能しなくなる瞬間、つまり集落消滅の瞬間とは葬式を出せなくなった時だというふうに一応言われております。これは私的な領域なのですが、人が死んだときには葬式を、結婚のときには結婚式を出すことを社会システムの中でやっていた。しかし、現在は経済システムに依存するようになっている。結婚式はホテル、お葬式は葬式専門会社、関東ではセレモグループというのが随分大企業になってしまいましたが、そういうものとして自分達の社会でやっていたものを経済システムに依存する。そうしますと、社会システムのところがどんどん空洞化していくことになります。

例えば、家族が年寄りの面倒を見るという機能も、男女共同参画社会と言われるように、女性の社会進出を広めていくという風潮の中で、その面でも社会システムが空洞化していく。家族がお年寄りを見るということが機能として果たせなくなってくる。一番いい例が今度の介護保険制度ですね。市場に依存することになったわけですね。家族がみていたものを市場から買い入れるという仕組みを作っている。

となると、実は私がここに描いたよりはもっともっと社会システムというものが空洞化して小さくなってきている。これは大都市ではコミュニティが全然なくて人々の付き合いが少ないですよとか、そういうこととは別に農村社会でも同様にしてこのバランスが崩れてきている。

3　政治システムと経済システムの関係

ついでに、政治システムと経済システムの関係を見てみますと、これはよく言われているように、とりわけ20世紀に入ってから、経済活動に保護と規制を行うことを政治システムの役割とすることで、政治システムが大きくなってきたということが言われております。福祉国家政策、福祉国家化と言われるものですが、機能として経済システムは決して小さくないのですが、政府の規制と保護によってガチンガチンにされてきた。俗に護送船団方式と言われているものですね。こういうふうになってきていてはどうも経済システムの依存と硬直化が生じてしまう。そして、経済の活力を低下させながら、政治システムの肥大化が進行するわけです。

これは神野先生の「サブシステム論」なんですが、彼が言っているのはこういうことではなくて、サブシステム間を取り結んでいるもの、これを財政という概念で説明する。システムを結ぶ線のところに全部財政というものが存在しているという理論構成です。

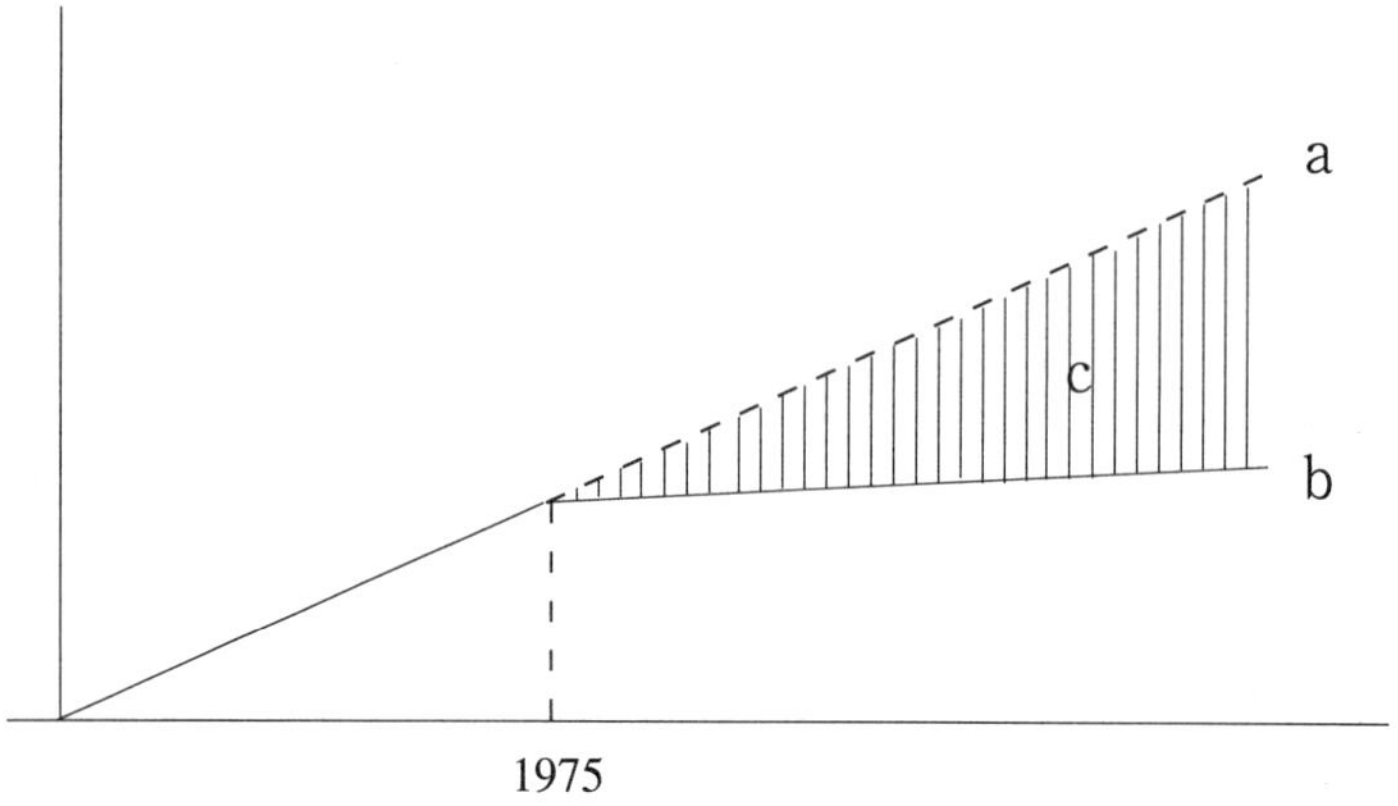

彼は今、「財政社会学」という分野をおおいに広めようとしているのですが、このモデルだけ借りて、私は地方分権の話をしようと思っているんです。

さて、以上お話ししたようになってしまいますと、一番先に破綻がくるのはどこか。政治システムが破綻する。ご承知のように日本でいうと1975年が曲がり角と言われております。第一次のオイルショックが1973年。急激な収入不足に陥って、膨らんでしまった機能（機能が膨らむということは組織も人員も予算も全部膨らんでいるわけですが）、それが維持できなくなった。

簡単に言いますと、ずっと伸びてきた行政の需要（a）に対してアウトプットもするわけですが、実は金の入りが途中で止まった時に、この部分をどうするかという議論を80年代を通じてやってきました。旨くaのカーブをbに寄せることができればよかったのですが、流行の言葉で言えば「小さな政府」路線といいますか、あるいは歳出削減シナリオと言ってますが、これはできなかったんです。なぜできなかったかというと、政治の問題だと思っています。需要を押し上げる力がずっと働き続けてきて、公共事業は減らさない、新幹線も作り続けるということで、これは減らすことができない。ということで、ｃの部分の借金が今たまってきている。

多くの批判があるように、このままではもう持たないです。国民が一年間タダで働いても返せるか返せないかぐらいになっている。国内総生産を超える借金になっていて、いろんなシナリオがこれまで実行に移されました。一般に実行に移されてきたのが、実はｂを上げるという、何とかして収入を上げるという方法です。

一番安易なのは増税によって歳入の曲線を上に上げる、これを増収シナリオといいますが、増税では駄目だったものだから、料金で引き上げるということをどんどんやってきた。８０年代の改革は「増税なき財政再建」と言われていて、同時にａ曲線も少し倒したんですね。ほんのちょっと倒したというふうに思います。何でやったかというと、当時でいうと、役所のロビーなどの蛍光灯を一本づつあいだを消すとか、五台あるエレベーターの二台はとめるとか、年金の給付を次第に絞り込むとかですね。いってみれば改革でも何でもなくて、節約をやったわけです。

4　政府公共部門内の権限委譲　地方分権

そんなものでは追いつかないものですから、現在は何とかしてこの全体構造を組み替えていこうという課題に直面しているのです。そこで出てくるのが地方分権ということなんですね。

政治システムにくびれを入れて強くしぼってしまう。千切《ちき》れるほどくびりを入れたかどうか分かりませんが。こういうふうにして、地方に政府公共部門の中でもある程度自立した役割を担わせていこうという認識が高まった。

こうしておいて、この政治システムの中で内部的な機能の移動がおきます。中央政府の持っていた機能が地方へ移る。そうしたらこの問題が解決するのでしょうか。財政が膨張し続ける仕組みというのは変わるのかというと、そうではないんですね。政府公共部門の総量は変化しない。

そこで私が持っている仮説は今度の分権改革はおそらくここまではやったということです。政府公共部門の中で中央政府に偏り過ぎていた機能を地方へ少し移すということはやったんですね。

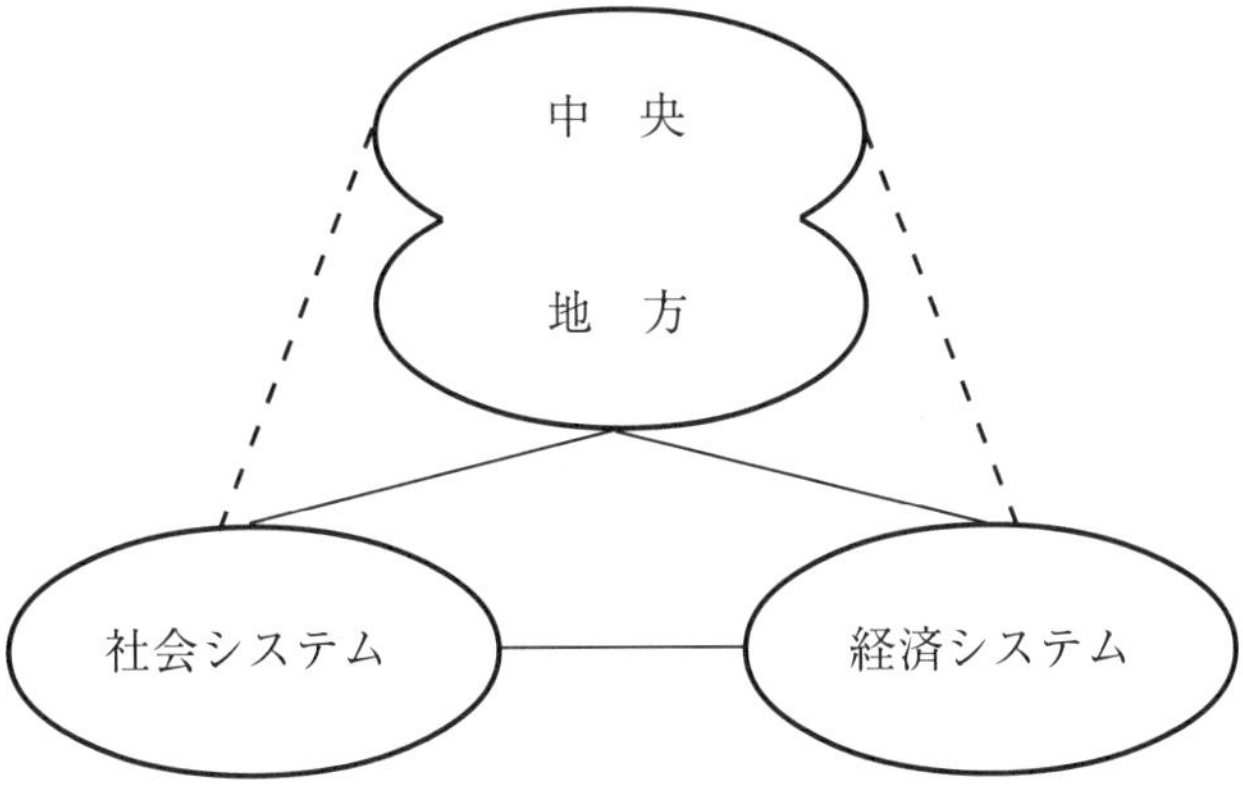

そしてそこまでです。第5次勧告までやって、その他意見も出ているようですが、要するにここまでが分権推進委員会のやったことで、地方分権一括法もここまでなんです。

つまりは政治システムの内部での委譲です。私はこれを「くびれのある風船」といっているのです。子供の頃やりませんでしたか、途中までぷーっと吹いておいてギュッと握ると空気が先へ出て行く、これと同じなんです。

さてそこでどこが面白くなるかというと、地方政府がある程度の責任を持ってやれることは何かといったら、今度はシステム間の関係を地方ごとに取り結んでいくということになります。そういう機能が移ってきます。ここが今度の分権の一番面白いところです。あまりにも人々のやるべきことを、あるいは地域社会がやるべきことを引き受け過ぎた。従って政府公共部門が大きくなり過ぎた、あまりにも経済に対する介入を大きくし過ぎた、市場に対する政府の役割を大きくし過ぎた、これを改める拠点を地方に置くということなのです。

経済システムへの介入はどちらかというと外圧によって開放されつつありますね。グローバルスタンダードを受容することによって、護送船団方式も見直そうということも言い出しましたし、金融システムについても随分改革が進んでいます。一方、この分権改革によって地域ごとにどういう社会システムと政治システムの関係を作っていくかが問題です。これを私は「バランス回復」と言っているのですが、簡単に言えば社会システムが失った機能をもう一回再生させる以外に、この政府公共部門が陥っているピンチから抜け出ることができないと考えるわけです。

どうすればいいか、一番簡単なのはこれまでやってきた集落仕事を全部「お前達がやれ、わしゃ知らん」と住民にいうのが一番いいのですが、なかなかそうはいかない。なぜか、そもそも社会の高齢化が進んでいるものですから、受け取りにくいんですね。そこで今注目されているのが、NPOといって志があって動ける人達、時間もあって、そして公共サービスの分野にもなんらかの供給力を持ちつつある、こういう団体との関係を新たに構築していくということです。そしてこの枠組みの中でNPOというものを活かし、行政が全部抱え込んできたものをもう少し分担し合う関係を構築する。分け合うと言うわけにもいかないのですが、うまい連携の仕方を考えていったらどうかということなのです。

5　地方の中央への依存　「都市モデル」と「中央集権」

そのために私たちの社会というものを考えなくてはいけない。よく観察すると、どうも人々が作ろうとしている地域社会、〝まち〟というもののイメージが中央モデルといいますか、都会モデルに偏ってしまったという問題がありそうだという気がしています。

もう一度今までお話ししたことを整理します。この社会システムが政治システムへおおいに依存していく時に起きたことは何かというと、それは「「公」の「官」化」にほかなりません。

今公共団体というとお役所のことを指していますが、「公」というのは、もともとはパブリックです。パブリックというのは人と人との関係のことなんで、別にそこに権力があるとかいうものではない。つまり人々が自分達の地域を管理し生活しやすくしていくという、そういう「公」の分野が政治システムに依存することによって、一気に「官」＝政府公共部門に絡めとられていってしまったということを言おうとしているわけです。

経済システムとの関係は先程言いましたね。冠婚葬祭とか家の改築とか屋根のふき替えとか、相互扶助でやっていた。これは互助生活空間というふうにも言えるわけですが、今日ではその生活空間は一方で「官」に依存し、一方で「経済」に依存することによってしか成り立たないものになってしまった。

ではこの人達は社会の一員として一体何をしていたんだろうか。私は「私化」といっているのですが、自分の家計を豊かにし、それによって幸せを追求するという行動しかなかった。私的経済至上主義とか、物質主義とかいろんなことが言われているのですが、要するに「わたし」が「わたし」として頑張るしかないという決意です。それは多分戦争に負けたことも影響していると思いますが、もう何も信用できない、「滅私奉公」の精神で犠牲も受け入れてきたのに、負けちゃった。これからは自分が強く生きるしかないという、いわば失恋した男があるいは女が決意し直すようなものでありまして、国民は皆そうやって決意した。そこへ例の国民所得倍増計画が示され、経済的に豊かになることが本当の幸せだというふうに思い込んで頑張ってきた。

人を蹴落としてでも自分がいい学校を出て、いいところへ就職をして、そしたらいい収入が手に入るので、幸せになる。よその家よりも一歩早くテレビが買えるとかいうような競争状態で皆やってきた。

それを「私化」と言っているのですが、「公」は「官」に絡め取られ、生活そのものをどんどん「私化」させていくということから、この社会システムがますます空洞化したんです。

6　社会システムの空洞化と行政による公共性独占

そうしますと、先程言いましたように政治システムがどんどんと肥大化していく。地域社会で言いますと、これによって公共性の独占という状況がうまれることになります。行政が公共性を独占していく。

①「公共空間」への無関心――参加なき地域整備

この独占は行政が積極的に取りにきたわけではなく、要因がいくつかあります。例えば人々が公共空間に対してほとんど関心を持たなくなった。「私化」のせいです。自分の暮らしをまず第一に考えるということから、家を一歩出たら道路であるとか川であるとか森であるとか海辺であるとか、そういったものに対する関心をほとんど持ってない。そこを行政が代わって、誰も手を付けないところを担当したんですね。行政の孤軍奮闘です。言い方を変えれば、行政のやりたい放題にもなるわけです。

高度成長の頃は、市民参加とか住民投票、パブリック・コメント、あるいは行政評価とか事業評価とか言わなかった。高度成長時代ですから行政にはお金は一杯ある。計画をしたらすぐやれる、非常に行政のやりやすい時代だったんですね。そのようにしてどんどん大きくなっていったんです。しかも人々はほとんどの公共空間を行政の手に委ねることになってしまったということです。

② 多様化する利害の調整 —— 専門性重視と官僚制

それから、高度成長の過程で人々が価値観の多様化とか権利意識の高揚とかで、いろんな要求が政府に上げるようになります。これを調整し実現していくためには、地方にもかなりの専門性が要求されて、地方行政にも一種の官僚制化が進行したと言わざるを得ません。これも行政による公共性独占の一つの要因でした。

③　サービス行政論の台頭――自治する気風の喪失

それとサービス行政論の台頭があります。関西では当たり前のことかもしれませんが、関東では昭和41、2年の頃でしたでしょうか、千葉県松戸市の市長さんが「すぐやる課」というのを作りました。それを真似して「なんでもやる課」ができたりしまして、まさに行政が、かゆいところに手が届くサービスをするのがいい自治体であるというようなことが流行ってしまった。その結果何が起きたかというと、ますます自分の回りで解決できることは自分達でやろう、あるいは家族でやれることは家族で処理しようという風潮が失われてしまった。

庭先に猫が死んでいたらどこか角に埋めてやろうとかというような話も全部行政に持ち込まれるようになった。このような、由々しき事態がヒタヒタと進行していたのですが、私も当時は松戸市のサービス行政は日本一だと思ったものでした。じつは、社会の空洞化に手助けをする側面があったのですね。

そういう形で全体としてはシステム間のバランスが大きく歪んでしまった。それを改革するために今度地方分権が実施されたというふうに見ることができます。

地方分権によって、権限を受け取った地方は何をするか。地方を軸としたシステム間の関係をどう取り結んでいくかということになります。現象的なことですが、例えば地方自治体の最近の計画とか事業遂行でＰＦＩとかでてきているでしょ。これなども一番分かりやすい地方の政府公共部門と経済システムとの関係なんですね。

④　地方において経済システムと行政との関係をどう再構築するか

かつては民間委託とか言ってましたが、今はもっと広くアウトソーシングと言って、行政の外の世界に人的な資源、財政的な資源も求めていって、これを旨く組み合わせていけば地域社会を作っていくのに有効ではないかといわれています。もちろん実験途上ですから評価はまだできません。

社会システムとの関係を端的にいえば、コミュニティをどう再生していくのか、それから個々人もまた自治する責任をキチッと自覚できるような地域社会をどうやって作っていくのかということになります。

公共サービスの供給機能というのは昔は役所にしかないと思っていたわけですが、今は供給機能を持っているような団体がたくさんできていて、それをどうやって社会全体の中に旨く投入させていくかというようなことについて今知恵を働かせなくてはいけないということになりそうですね。

ＮＰＯについていいますと、社会システムと経済システムとの双方にまたがるものといってよいＮＰＯもちゃんと事業をやるんです。お金も取ります。例えば介護保険システムを入れましたが、企業が在宅サービス事業をやるけれども、ＮＰＯもまたできるようになってますね。これは競合状態ですが、一方で介護保険サービスだけではお年寄りの暮らしは維持できないのでありまして、そのようなサービスメニューに載っていないようなサービスをＮＰＯが担うというタイプがありえます。これは非常にボランタリーな感じのするＮＰＯですが、そのようなものも含めて今ＮＰＯが注目をあびつつある。

ただし言っておきますが、「ＮＰＯはあれとあれで全国で何団体」ということはできません。今のところは、ＮＰＯとは何かについての考え方といいましょうかまだ実態がよくわからないです。私のゼミの一つのグループが「ＮＰＯに携わっている人達とはどういう人たちか」というテーマを掲げ、東京ＡＣＴというＮＰＯ組織があるのですが、そこに属している約１０００団体の全数調査をやってみたのです。今ちょうどその報告時期なんですが、全体としては経済的な水準が比較的高いという共通点がみられるものの、参加の動機や活動からの収入の使い道などはじつに多様な結果が得られました。つまりある種豊かさが基底にあって生み出されてきた動きなのかもしれないと思いますが、まだまだ解明途上といいましょうか、行政の方も付き合い方に戸惑っている、模索している状況なのでしょう。

というふうに考えると、それこそ今自治体が面白い。最初に描いたサブシステム間の関係が自治体を中心にして今再構築されつつある。

この関係が今とても面白くて、例えばこれをどうやって政策化するか、あるいはもっと具体的に計画にしていくか、事業にせよ、あるいはルールにせよ、それをどう作るかというようなところにこれからの政策法務といわれる分野の面白さが実はあると思います。

II　バランス回復を要請する社会変化

分権化は中央から地方へ権限や財源が移動すればいいわけではなくて、それをネタに地方でそれぞれのシステムとの新しい関係を築いていくことに本当の意味があります。ここまではそういうお話をしました。

では、この国をそこまで引っ張りこんだものは何なのかということですね。偶然そんな事が起きるわけはないので、それを少し私なりに分析したのがこれからの話ということになります。

バランス回復を要求する社会変化。この失われたバランスを何とか回復しなければならないと思わせたものは何か、ということを大きく二つの側面から見てみます。

1　政府機能の行き詰まり

①　低成長下の財政難――政策財政の枯渇

一つは政府機能の行き詰まりということでして、これはあまり説明はいらないでしょう。特に最近顕著になってきたと思いますが、７０年代からの流れでいいますと、やはり財政難ということでしょう。お金がなくなって、もう新しい政策を中央政府が責任を持って打ち出すことができなくなってしまっているということです。

それで、例えば高齢社会を迎えるに当たって、どうやって介護システムを作っていくか、政府は９０年代初頭に随分考えました。「２１世紀福祉ビジョン」。これは厚生大臣の諮問機関が出した答申ですが、９４年には社会保障制度審議会の社会保障将来像委員会が「２１世紀のグランドデザイン」というのを検討しています。その中で、差し迫っている高齢社会対策をどうするかを検討しています。

最初に検討されたのは、これまでの通り政府公共部門が責任をもって社会保障制度を維持していくという考え方だったようです。

いくらお金がかかるかシミュレーションをやってみるわけです。当時の議論によると、消費税を一〇数%ぐらいまで引き上げれば何とかいけるかもしれないという予測をしているんですね。要するに一〇数%という消費税率であれば、政府がやれるというわけですが、ただちにこれを打ち消しています。どうしてでしょうか?それが政府機能行き詰まりの第四の側面なんです。

政治の威信が低下しているものですから、一〇数%への増税を「一体誰が飲むか」ということになる。今のこの国の政治を見ているとこんな提案は誰も認めてくれないから、これは絵にかいた餅だと、大蔵省は自分で認めてしまった。従って増税をしないで何とか介護システムを作ろうというので、社会保険方式による介護システムを厚生省との間で生み出していかざるを得ないということになったわけです。

この社会保険方式もいってみれば中央政府が全部担当するのではなくて、分権型でいかなくてはいけないぞということになった。このように、財政的限界を抱えていることは介護保険を例に取るとてもわかりやすいのです。政策財源が枯渇しているというのが政府機能行き詰まりの第一の事情としてあります。

② 国際化への対応力 ―― 内政から対外政策へ

二点目に指摘されたのは国際化です。今は国際化といわないでグローバリゼーションと言いますよね。ちょっと意味が違うんだぞという議論もあるようですが、当時は国際化と言っておりました。80年代、湾岸戦争が起きたりとか、日米農産物交渉での、グレープフルーツ、オレンジ、牛肉自由化とかいろいろありました。それから80年代初頭にはモトローラというのが日本に携帯電話を売らせろといって持ってきて、当時の郵政省官僚がうろたえたという話がありますが、今はもう携帯は当たり前になっている。

要するにこの時に、日本の中央官僚は自治体や企業のやることに、ああでもないこうでもないと口出しはするけれども、国際社会の変化には全然対応できてないじゃないかという批判があって、一気に分権化の要請とつながっていく。つまり自治体でできることはなるべく自治体にやらせ、民間でできることはなるべく民間にまかせて、中央官僚達はもう少し対外政策についての能力とエネルギーを割かなければならないという議論です。

これを最も鮮明に打ち出したのが実は小沢一郎さんなんです。『日本改造計画』という著書の中で新分権体制というものを彼は唱えた。それは官僚達がもう地方のことはやらなくていいという体制を作るんだという言い方でした。

③ 官僚の目標喪失——全国政策の終結

三点目に指摘できるのは官僚の目標喪失ということだと思います。これからは官僚主導によるそう目立った政策は期待できなさそうです。それはどうしてかというと、戦後ずっと中央官僚を支えてきた「国民のために」とか、「全国の仕組み」とかが終わってしまいまして、地域ごとに、それこそ「個性ある」、「地域の条件にあった政策」を作っていかなくてはいけなくなってしまいましたので、目標がなくなったのでしょうね。

かつてはやりましたよ。例えば学校教育。戦後すぐに（私は22年の生れですから、まさにそうなんですが）1年間に約280万人が産まれまして、6年後ぐらいにはこの子らが小学校へ上がってくるぞというのは誰にだって分かりますよね。それで学校は一斉に改築、増築、新築をしました。しかも全国ですよ。ものすごい力を学校に投入しました。中学校もそれに合わせてやって、全部終わったなと思ったら今度は小学校にプールを作るというので、文部省は昭和40年代でしょうか、全国の学校にプールを作った。波打ち際の小学校にもプールができたといって、話題にもなった。こういうのは中央集権的なよさといいますか、ちょっと間抜けなよさですが、でもすごい力を発揮したんです。

一斉にやるぞという意味でもっと端的なのは「国民皆年金」、「国民皆保険」、いい言葉ですね。しかし「皆」という政策も今は少ない。今、国民年金法を改正して大学へ通っていても20歳になったら皆払いましょうということをいっているのですが、学生たちの頭の中にはこの「皆」という概念もないものですから入っていませんね。もちろんこれから述べる政治の威信低下というのもあって、どうせ高齢者になったときに年金は貰えないだろうと思っているせいもあります。

この「皆年金」とか、「皆」が入る仕組みというのは官僚達にとっては胸の震えるような喜びを感じさせてくれたはずです。「全国民の幸せをこれで保障する」という気概でやってきたのですが、ネタがもうなくなったんだと思いますね。そこでそういうネタがなくなって、後は地方毎に任せる。

一つの転機は例のリゾート法の立法過程でしたね。これまででしたら地域指定をする時にはちゃんと中央の各省がメニューを持っていて、「これをやるんだったら指定しますよ」とやったものですがリゾート法ではメニュー作りまで都道府県を中心にしてやってください、地方毎にやってくださいと言い出した。それ以降はだいたいそういうスタイルが定着してきました。例えば地方拠点都市の整備法というのを作りましたが、これも拠点毎にプランを持ってきて、「面白かったら指定しますよ」みたいなことをやっているわけです。このようにして全国政策が終わってしまった国家官僚が何をやったらいいだろうかということが分からなくなっているのが現状だと思います。

もちろんそういう中で個人的な私腹を肥やす官僚が出てくるのもむりからぬことでして、やはり目標がなくなったから金儲けでもしようと思ったか、あるいは極めて親しくしている友人のために尽くすという美風に負けたか、ともかく「全国民のため」というのが失われてきたことがとても大きいというふうに思っています。そのような状態が実は地方分権にとても似合うんだということが次第に理解されつつある。

④ 政治の威信低下――新規政策への懐疑

四点目に政治がこういう体たらくですから、「税金を上げさせてください」、「将来の日本にとって絶対に必要です」、「今準備しておかなくては次の世代にどういう社会を残してやれるか」、などと、いくら力説したって人々は「じゃ、税金を払いましょう」とは言いませんね。特に私たち団塊の世代は自分の子供たちと孫の世代に負債を残して食い逃げをするという準備段階に入ってきました。だから若い人達が「異議あり」といわなければこのまま食い逃げしますよと、私は学生に言い続けているのです。ますます食い逃げ前の満腹状態ですね、亀井静香さんが頑張ってくれるから。政府は本当に次々に温情あふれる政策を出してくれて、介護保険はまけてやるぞとか、ありがたいお話ですが、こういうような状況が全体として中央が引っ張っていくということに限界を見せてきている証拠なのです。

しかし、以上みてきたような政府機能に限界がきたというだけでは世の中の制度とか仕組みとかが変わるわけはないのです。決して、国の側の要因だけで分権化が進められたわけではない。

2　行政をめぐる環境の変化

そこには、新しい制度を必要とする社会の変化があったと考えざるをえない。しかもそれは、地域社会における人々の暮らし方と密接な関係があったと思っています。分権化を引き出したそのような変化をここでは四点あげておきましょう。

①　高齢化——現物主義

いろいろな変化の中で、私の頭の中では、高齢化というのが実は非常に大きかったと思いますね。さまざまに分析が進んでいますが、結局のところ制度改革を促したのは何かといったら、政策スタイルを変更しなければしようがなくなったということなんですね。つまり集権的な政策スタイルでは高齢化に対応できないということがはっきりしてきた。これは先程ご紹介した２１世紀を語る二つの答申の中ですでに言っています。

中央政府が、あるいは政府公共部門が集権的に社会保障のすべて責任をもつということにはならないということで、答申に登場してくるのが例えばＮＰＯなどの民間団体です。当時まだＮＰＯという用語は使っていませんが、非営利民間組織、また非営利民間団体というものの能力と役割を正当に評価をして、政府公共部門、それから企業部門、そしてそのような非営利部門を三つの柱としてやっていかなければいけないといっている。絵にかいたようにまさにサブシステム三つを総動員して高齢化に立ち向かっていかなければいけない、こういっているわけです。

それはなぜかというと、例えば現物主義ということがよく言われるでしょ。現金を配っていれば人々がそれで何とかやる、例えば生活保護とか、老齢福祉年金とかがそうです。しかし今はお金を配ればいいというものではなくなってきた。直接サービスという現物をそれぞれの人々に見合った形で、しかも届けにいかなくてはいけないということになる。そうなるともう霞ヶ関では対応できないということになります。同時に後から述べますが、ＮＰＯというような活動が非常に重視されるようになってくると、それと行政との役割をどうやって旨く組み合わせるか、これは霞ヶ関でできるわけがないのであります。「２１世紀福祉ビジョン」の中で明確にいっているように、これは市町村を中心とする分権型の政策の中で実施していくしかないのだということを厚生省そのものも言い出さざるを得なくなったということなんですね。これが第一点です。

もちろんこの政策スタイルの変化の中には現物主義ともう一つ、「選択肢のある政策」が要求されているということがあります。用意したメニューでどうぞこのサービスを受け取ってくださいというのでは駄目で、私にはこういうサービス、私の連れ合いにはこういうサービスといって、同じ一軒の中に暮らしていてもお年寄りに必要なサービスの種類が違っている。それに対応するということから考えると、どうしても選択肢の多い政策メニューが必要になって、それはちょっと霞ヶ関では無理なんですね。霞ヶ関は一応全国民を対象としていますので、平均的、かつメニューの数は少ないというのが特色です。

② 国民意識の変化――豊かさの逆襲

第二点目は国民意識の変化です。要するにわがままな市民が増えた。これまでお上のいうことには「はいはい」と聞いていたのに、豊かになってとりあえず食うことには困らなくなって、時間の余裕もできて、子育ても終わった世代を中心とする女性たちが、地域社会の中を見渡すようになったんですね。高度成長時代を支えた世代が定年になって地域に戻ってて、自分の回りを見渡すようになった。見渡してみると意外と気付かなかったことが多い。よく聞くのですが、「私が小さい頃はここで泳いだのよ」。今はコンクリート三面張りのドブ川になっているのですが、「いつの間にこんなにしてしまったの」と立ちすくんでしまう。

自分の生活に一生懸命で都市の環境がどんどん変化しているのに実は気が付かなかった。まあそれが実感なのかなと思いますが、豊かになって見渡してみると、これはおかしいと思う。子供が落ちたら上がってこれなくて死んだという事件も起きましたよね。だから行政はフェンスを上に上げて落ちないようにする。すると、「ますます水から遠くなるのではないか」というので、「水辺に親しむ権利」を返せとか言い出した。親水権とか、ウォーターフロント権とかいってですね。

アメリカも海岸線はだいたい日本と同じように工場群があったり倉庫とかがあって海へはいけなかったのですが、やはりウオーターフロントに親しむ権利があるというんで、建造物の一部がよけさせられて、遊歩道を抜いてわざわざ海辺に出られるようにしている。最近ではこの倉庫も全部買ってしまって、中はショッピングモールにするとか、そういうのが流行ってきています。

最初は「なぜ海辺を工場群が独占しているのだろうね」という問題提起から始まった。そんなことがいっぱい出てきまして、環境権とかも主張されるようになった。つまり私生活に没頭して行政に依存し、行政に任せているうちに、地域社会がどんどん変わってきた。それに気が付かなかったんですが、今豊かになって余裕ができて見渡してみると、あまりにもおかしいことだらけというので批判を展開するようになった。

こういう人々を私はわがままな市民と言ってますが、そういう現象を「豊かさの逆襲」とか、「豊かさが牙を剥く」と表現する人もいます。つまり「政府のおかげで今の生活水準があるのではないのか、誰のおかげだと思っているんだ」と思っているうちに、その人達が牙をむき出した。政府そのものに対して牙をむき出し逆襲に転じた。

そういう変化があって、これは行政に任せているだけでは駄目だということに気が付いた。個性的で潤いのある町を作らなければいけないとか、質の高い居住環境とかと言い出しましたね、そういう市民意識の変化が第二点であります。

③ 市民活動の増加――公共サービス提供主体の多様化

三点目に掲げたのは、市民活動の増加ということでして、人々が動きだした。豊かになって自分の回りを見渡すだけではなくて、動きだしたということです。

どれぐらいの市民活動があるのか実態はわかりません。経企庁がＮＰＯ法の主管官庁になりまして、施行前の97年に調査をしましたが、その時には「市民公益活動団体」というカテゴリーで、8万6千団体が全国から報告されているようです。同じ頃に全国社会福祉協議会が、ボランティア活動に参加している人々の数がどのぐらいあるだろうかと全国調査をしたのですが、その時には630万人と言ってました。いずれにしても確かな数字ではありません。

NPOとかボランティア団体などの市民活動というのは、「やろうね」という機運が高まったらすぐに団体ができて活動をするのだけれども、行き詰まったら止めるとか、中心人物が引っ越ししていったらたちまちのうちに団体がなくなっちゃうとか、非常に不安定なものも多い。NPO法人をとらなければ登録する必要もないものですから、実に多様で、しかも捕らえどころもなく、しかし確実にその厚みを増しているという気がいたします。こういう団体と先程の高齢化ということが出会っていくわけです。

すなわち、市民活動がお年寄りの家庭に配食サービスを始めるとか、あるいは車を使って移送サービスをするとか、最近増えている、お散歩の相手サービスとか、きめ細かくサービスを提供している。

日本でもやっと出てきましたね、時間潰《ひまつぶ》しサービスというんですか、お話し相手。「今日こんなことが新聞に載っていましたよ」とか、お話ボランティアというんですかね、病院に行ったり、一人暮らしのお年寄りに話をしに行ったりとか、アメリカでは結構多いそうです。そういう多様な活動が出てくると、それを介護サービスと結び付けていくことを考えなければ、お年寄り達が豊かに老後を過ごせないということになります。従って、先程言いましたように政策スタイルが中央主導、しかも行政主導では駄目で、地方主導、そして行政と市民活動との連携によって進めていくというふうに大きくスタイルを変更せざるをえなくなってきた。

そういうことすべてが分権がなぜ起きたかという説明になっているはずだと思うのですが、もしかすると、我田引水的にすべて分権の方向へ向いた動きとして捉えてしまっているかも知れません。

④ 公共性の多重化 —— 自己決定（市民的公共性）

実はこの四点目の公共性の「多重化」あるいは「二階建造物」というのは篠原一先生の言葉なんです。高度成長の頃は全国的公共性あるいは公益というものが「そこのけそこのけ」と、地域社会を押し退けていったんです。「これは公益のためだ」といってね。「退くのが嫌だといったら土地収用をかけてとってしまうぞ」といってやってきたわけでしょ。

そうやっていろいろなものを作ってきましたが、今はそれに対して電力ひとつとっても、「電力エネルギーは全国的公共性である、公益である」というようなことで原子力発電所を造ろうとしてももう駄目になってしまいましたね。新潟県巻町ではエネルギーがほしいというのはたしかに全国的には公益かもしれないけれども、「私たちの町にとって原子力発電所の建設というのは公益でも何でもない」ということで却下される。

地域的な公共性は別なんだということです。一応「全国的公共性」と「地域的公共性」といっておきましょうか。これでいうと単なる全体と部分みたいな感じなんですが、実は最近言われているのは地域的公共性、さらにちょっと意味合いを込めて市民的公共性と言うことができそうです。発展途上の時にはこの全国的公共性というのは国家とか社会全体の公共性という意味合いの中で、「あなたたち国民一人一人にとっても公益に当たります、利益ですよ」という一種の神話が成り立っていたのですが、それが引き剥がされて市民的公共性というものが主張されるようになってきたということです。

このこと自身は私も気がついていたのですが、私はこれを当初、対立関係だと捉らえていて、あるところで報告いたしました。この対立をどうするかという課題に直面して、地方分権というものが重視されてきたんだという話をいたしました。しかし、さすがに大御大であります篠原一先生は、「これは対立関係と捉えるのは正しくない、多重化または重層化と言うべきでしょう」とおっしゃいました。政府レベルでいうと市町村レベルの地域的公共性と都道府県レベルの公共性、そして全国的公共性というのも有り得る。問題は公共性を形成するステージを分節的・重層的にとらえるということです。

この多重化の中で市民的公共性を確認する手段として、参画とか住民投票というものが出てきました。そういう動きは今までの集権的なシステムを支えてきた一枚岩の公共性論ではもはや持たないるのです。どうやって地域的公共性と調和を図りながら政策を遂行していくかという観点をもたなければならなくなって、そのために地方自治、あるいは地方の自己決定というものを重視しなければいけないということになってきたということです。

そういう意味では沖縄の基地をめぐる政府の対処は非常にデリケートだったと思います。沖縄政策協議会なんかを作って、知事と中央政府とが一つのテーブルにつく。かつては考えられないことでした。従来は防衛施設庁なりが上から指示をして、那覇防衛施設局が頑張ればよかったわけですが、今は政府レベルで、中央政府は中央政府なりに公共性をどう調和させながら基地の存続という政策を維持していくか、地方は地方なりに、県民の声を受けながらどうやって基地を縮小していくかという時代になった。

　ということで今まで申し上げてきたのは今度の地方分権は行政権の委譲とか財政には全然手が付けられなかったじゃないかという話ばかりでなく、もうちょっと豊かに、地方自治体が企業や市民社会との間でもう一度サブシステムの再構築を地域ごとにやっていくという、そういう非常に面白い条件を準備してくれたのが地方分権なのだということを申し上げたいわけです。

Ⅲ　分権型社会のシステム設計　自治基本条例

1　協働型社会の形成

そこで、どうやって地域ごとにこのサブシステム間の関係を作っていくか。この基本を自治体の憲法として打ち立てていこうというのが、自治基本条例を目指す動きだと考えたい。ですからこの自治基本条例には先程言いましたように例えば市町村の計画の問題とか、市民と行政はどんな関係にあるのかとか、そういったことが盛り込まれていって、行政の職員がある問題にぶつかった時に、これはどう判断すべきかの基準となり得るような行政運営の原則というものを打ち立てる必要があるだろう。そうでなければこれまでのように「県庁に聞こうかな」ということになってしまいがちです。

つまり、ここの判断というのは法律の解釈とか、そういったものでやるわけですが、もっと大きな枠としてどう考えていくかを示すものでありたい。

例えば私の住んでいるところは６５歳以上のお年寄りに、男性には理容券、女性には美容券が配られておりますが、毎年該当者から申請書を出して頂くんですね。それを担当者がチェックしているわけです。私がある審議会で「申請書類を集めるようなことは止めたらどうか」というふうに言いました。一つの理由は申請書類を書く度に人々は、やはりお上を意識してしまうんですね。それが「嫌だな」というのと、そもそもそれに職員が何日かかかりきりになっているという問題もあります。

そこで私が提案したのは、例えば老人クラブに、今年用意できる理容券の枚数は何百枚とか決めるでしょ。これを丸ごと渡して配布をまかせたらどうかと提案をしました。考えたこともない市役所の職員は立ちすくんでおりましたね。「どうなるんでしょうね」と。

つまり、「どう考えたらいいか」という時に「市民の間でできるものはなるべく市民の間で差配させた方がいいのだ」という基本ができていれば、考えつくはずなんですね。老人クラブの運営委員会かなんかで決めて頂くと、オグシの薄い方は濃い方の半分にしましょうとかですね、ルールを作るとかいうようなことは当然考えるはずなのであります。

そういうことを考えると、「第十八節補助金」というのは、皆市役所の職員がやっているわけです。普段は県とか霞ヶ関に対して「補助金事務がえらく面倒臭い」とか、「補助金事務の緩和」とか言っている割には自分達が市民に対して同じことをやっているんですね。

もう少し住民を信頼して「丸投げの発想」が欲しい。それによって老人クラブの市民団体が統治能力を付けていくというか、自分達で不満を解消しながら上手に分配をしていくという能力も付けていくことになるんだということでしょう。

地域でもう一回システム間のバランスを取り戻すということを基本に据えていれば、当然そういう方向で考えることはできるんだということを事例として掲げてみました。

そういうことを職員が判断する時の基準として、自治体の憲法に自治体運営の基本原則というものを掲げておくことは、実は日々の行政執行を大変楽にするという意見が出ています。

あちこちで自治基本条例の試みが行われております。一番先に出てくるのはどこだろうなと思っておりますが、高知県がだいぶまとまってきているのでしょうか。一番先に着手したのはおそらく北海道のニセコ町だったと思います。

これは長い間研究会を重ねてきて、条文の形になるのはもう少し先だと思います（平成13年4月施行）が、私の近くでは多摩市が2002年の12月議会には出すと言っておりますし、東京都杉並区も基本条例を提案するということで、今市民達によるワークショップ型の条例作り運動が始まっている段階です。

もう一つ協働型の例をあげておきましょう。世田谷区に、ただ一面にグジャグジャ猫じゃらしがはえているだけの公園があると聞きます。これを近所の人は「猫じゃらし公園」と呼んでおります。使いたいように使うということで何にも手を加えていないんですね。ただ猫じゃらしがはえ続けているだけ。当初、世田谷区は、ここに温水プールを作る予定だったのです。しかし、地元の人たちと話し合いを進めているうちに、今のような何もない公園がいいということになったのです。

考えてみたら世田谷区は得しました。何十億という建設予算を得しました。管理事務所を作りましたが、その後の公園管理は「グループねこじゃらし」という人々がやっております。使い方にルールはない。犬も元気で走り回っているという。もっとも、犬の糞害についてグループの中に検討会ができている。

春には花見、秋には秋祭り、公園のバースディパーティーなど人が集う中心になっている。

このようなタイプのまちづくりをどこまで行政全般に広げていけるかということなんですね。事例はまだ私もそんなに集めてはいないのですが、福祉の分野でも教育の分野でも、いろんなところでそれは可能ではないかということを考えるわけです。

そういう社会を作っていくことが実は今回の分権改革でかなり可能になってきた。そして今度の分権改革を生かすというのはそういうことなのではないかと考えているわけです。

2　ＮＰＯとの連携

そこに掲げたようにもう一点は、そういうことを基本として基本条例を構想してみたらどうだろうか、当然そこにはＮＰＯとの連携というものが埋め込まれていなければならないし、市民の権利と行政の役割だけではなくて、市民の責任をどう合意して書き込んでいくかも課題です。しかし、参考にするものがあまりないんですね。

かつて逗子市に「都市憲章条例」を作ろうという動きがありました。古くは70年代に川崎市が原案を作って議会で否決されるという事が起きています。

では自治基本条例を考えていく時にどのようなことを基本条例の要素として埋め込んでいくか。一応私は四点掲げておきました。それを簡単に説明します。

一つはこれまでの話でお分かりのように、政府公共部門が社会の隅々まで役割を担うという時代はもう終わっています。

多分気が付いていないのは一部の住民とほとんどの公務員だと思いますが、とっくに終わっていて、いろんなことが市民の手によって担われている状況になっている。どうやってそれと行政を旨く組み合わせていくかを考えなければこれまで通り多くの仕事と多くの税負担を覚悟しなければならない。そして、予算をどこかから持ってこなくてはいけないという苦しみ、つまり中央政府が味わったと同じ苦しみを地方政府も味わっていくことになります。

行政が今まで抱えてきたものをどうやって社会へ返していくかがポイントです。そういうのを「協働型社会」と言おうとしているのです。

パートナーシップ社会とかというと、ある場所で北村喜宣さんに「全国にパートナーシップという船が浮いているわい」とからかわれました。それほど用語としては流行しています。

パートナーシップというからには、お互いがお互いを自立した存在として認め合って、信頼し合う関係が必要です。しかし「果たして市民はそこまで自立しているだろうか」。「行政はそんなに突然信頼できる対象になりえるだろうか」とかの悩みを一杯抱えたままパートナーシップ論が進んでいます。

私は英語としてはコ・プロダクションというのが好きなんですね。これは荒木昭次郎先生がアメリカの事情を紹介するときに「協働」というこの漢字を使って原語は「コ・プロダクション」である。共に力を出し合ってものを生産していくということを意味するといわれたわけです。

ですから一般にはコラボレーションというふうに言いますが、どっちかというと私はコ・プロダクションが好きなんです。

そういうものとして考えると、笑える話があるんです。多摩ニュータウンの稲城のなかに、妙な空き地が、遊休地というんですか、使いようのない変な形をしたところが残ってしまいました。あるとき、その近所の人達と話し合いが持たれまして、ついにそこを何とか「公園にしようではないか」ということになるんですが、市役所は「お金はございません」という一点張りです。「いやいや金がなくたって私たちがやります」と、土日土日をかけてそこに公園を造ってしまったという例があるんですね。さすがに市役所も５００万円だけ出したといいましたかね、私たちはそこを「５００万円公園」と言っているのですが、５００万円でこんなに立派な公園ができるんだという一つの例です。

近所の工務店のおじさんが使い古しの木材を綺麗にもう一回鉋をかけて、ちょっとした屋根付きの休憩所を寄付するとかしまして、花壇には花がいっぱい咲いていて、ちょっとした疎水が流れていて、ベンチがあってと言うような公園にやってのけた。6月にはいっぱいの藤が咲く藤棚も作ってある。これはある意味で本当にお互いが力を出し合って作った作品です。

私の住んでいる団地の街路樹は全部市役所差し向けの業者が冬には剪定をし、夏には下の雑草抜きまでやります。それからちょっとした生け垣のようなものがあって、その刈り込みもします。冬は、枝を全部落として黒いシートをかけて、ほぼ全市の団地の中から公道まで全部やっているのですが、かなり大きな金額をかけていると思います。造園業者さんに委託をしていますが、私はある審議会で自分達の住宅地の中の雑草抜きとか、落ち葉が散ったらそれを掃いて集めるとかぐらいはそれぞれ自分達でやるようにしたらどうですかという提案をしてみましたが、住民代表の市民公募委員の人が、「高齢化していてそれどころじゃない、誰がやるんですか」といいます。「あなたがやれば」と言おうと思いましたが、怒られるから止めました。

自分は社会参画で忙しいときっと言うんでしょうね。だとすれば、まだそういうことがやれる、そういうのが好きだという退職者達でＮＰＯを作って、ここの団地の枯れ葉の掃除は引き受けますといかないものか。一夏１０万円とかで、団地住民が自分達で負担をしてもいいし、市役所が半額補助でもいいよというような、そういう仕組みを考えたいということなんですよね。

それによって今市役所の抱えている負債がどれぐらい楽になるだろうかと、一遍考えてみましょうよ、借金が増えれば苦しむのは私達市民なんだというようなことを、「市民の責任」という章などに書き込んでいけるような基本条例の構想を持ちたいというようなことです。

Ⅳ　行政運営の基本原則

四番目に、一人一人の市民、一人一人の行政マンが判断ができるような行政運営の基本原則というものを打ち立てておく必要がありそうだということで、それをいくつか掲げておきましょう。

1　条例の活用 —— まちのルールをつくる

例えば、基本構想というのは議会の議決事項であります。これは一体どうやって作っているんだろうなということについて、先日出た「自治日報」という小さな地方自治専門の新聞のコラムに書いておきました。

今全国で市町村合併をやろうという動きがすごく高まっているのですが、私は合併をするとそれぞれの自治体で作っている基本構想はどこへ行ってしまうのでしょうというのをそこのコラムでちょっと書いているのです。

「基本構想」というのは何かというと、自治省の解説書を広げるまでもなく、「町の将来像を描くことだ」と書いてあるんですね。町の将来像というのは合併を含んでないはずですから、合併はどんどんと合併特例法の手続きで進んでいきますので、合併が終わったら新しい基本構想を作るんでしょうね。じゃあ前の基本構想は一体どうなっちゃうのでしょうか。とても今気にしています。

つまり私達の住んでいる市の「基本構想」はこれから私達が暮らし続けていくに当たって、どんな将来を描いてくれているのか、ということがとても気になり出しました。あまりそれまで気にしていなかったのですが。

全国であちこち合併について住民の調査をやっていますが、住民の方の半数以上は「やはり合併しかないかな」というふうに答えているんですね。どうしてそんな事が起きているのだろうかというと、それぞれの町がやはりキチッとした将来像を描いていなくて、しかもその将来像を住民が納得できるようなものとして、合意づくで作ってはいない。例えば金持ちにはならなくともいいけれども心の豊かなまちとか、大きなビルはいらないけれども皆が仲良く生きられる町でやっていこうというような事が合意されていて、それが基本計画なんかに落ちていくと、市役所はボロでいいんだとか、建物は三階以上は駄目にしようとかという事が計画レベルで入っていくわけでしょ。

ところが実際にはそうではなくて人口は伸びますという前提で（実際には減っているにもかかわらず一応伸びますというふうにしておいて）すべての事業をやりますから過剰投資になっているんですね。人口が今1万人ですがやがて8千人になるかもしれないという町で1万2千人という人口フレームを作って事業をやると、1万2千人向きの会館ができます、学校ができます、保育所ができます。全部人口フレームに合わせて規模を決めていますから過剰投資になっているんですね。

この責任は誰がとるのだと私は一生懸命今言ってますが、そういう意味で町の将来をもっとクールにそして住民が納得できるような姿にしていく。もちろん「30年も人口が減少し続けているからせめてこれから10年先には人口が増えるよ」と皆で夢を見るというのもいいのですが、それに投資が伴う事もやはり皆で理解し合っていく必要がある。これまでは、「基本構想」やさまざまな計画が個別にいろいろやってきたようですが、やはり「基本条例」の中ではそのような町の将来というものを見透せる仕掛けが必要だという気がしているんです。

2　政策スタッフの劣勢をカバーする

第二点目はやはり、特に国、県、と市町村を比較すると、政策スタッフという意味では市町村はやはり劣勢ですよね。それをどうするかという事なんです。

今のところはコンサルに委託して埋めているところが多いのですが、コンサルに委託しても政策のノウハウと実力が地元に蓄積しないものですから、できればNPOとの連携を考えた方がいいぞという気がしているんです。

ただし、NPOは総合計画を作れません。そんなNPOはありませんからね。NPOはだいたい個別課題、環境ならば強いぞとか、福祉といったらまかせておけと、そういう人達ですので、その人達と旨くテーブルを作ってやれば、結構いけます。

余談ですが、川なんかに強いＮＰＯいますよね。川は水の流れるところだと思っていたのですが、「川は風の通り道」というテーマでＮＰＯがシンポジウムをしていました。「そうか」と思いました。川を風が通る事の意味はとても大きいんだという事を勉強させられましたが、そういうＮＰＯに触発されながら、一緒に政策を作っていくことが自治体の政策法務のスタイルとして定着していく。そのことが期待されるわけです。

3　温情主義からの脱却

①　市民自治が究極の目的

三点目に、これはとても大変な事なんですが、もう戦後５０年も温情、温情でやってきたんだからそろそろいいでしょうということです。市民も結構豊かになって自分の足で立っていけるようになったし、または市民同士でも問題提起し合う環境もできてきているので、市民自治をはぐくんでいくために大事なのは、冷たいように思えるかもしれませんが、行政が温情主義を捨てることなんです。要するに全国３２２９の市町村に、３２２９人の亀井政調会長がいるというような状況になっていて、「介護保険を導入します」「高齢者には払えない」「低所得者は大変だろうな」「まけてやるわ」とまた言い出しているわけでしょ。無理からぬところはあると思っているのですが、一般会計からその減収分を振り出すのであれば十分な議会での納得と、住民の合意が必要ですし、減額した分だけを高額所得者から多くとるというのであれば、それも一つの見識でしょう。このように、まけた分だけ多い人からとる、一般会計には迷惑をかけない、こういうやり方もあるでしょうが、いずれにしてもそれは合意が必要なんです。何となく金庫にはいっている金は俺の金というような顔をして「まけてやる」というのが気に食わないんですよね。

実はこの国の政治・行政も自治体の政治・行政も、温情によって正当性を辛うじて支えてきたんです。求められたらやってあげる。「いやあ、ありがとうございます」と言われて保ってきた正当性。

だけどその正当性は崩れかかっています。なぜなら行政に頼まずに住民自らが提供するようになったり、自らがものを作り出すようになってしまったら何も行政に頼む事はない。そういうことになると、もはや正当性は失われる。

もういい加減、温情主義を止めて、撤退できることは撤退することと、もう一つは住民と向き合って「それは皆さんでやることを考えてみたらどうですか」と、言えるかどうかです。一度は市民に「そんなことぐらい自分でやれ」と言ってみたいものです。だけど基本的にはそういう構えと言いましょうかね、住民に「それは皆さんでやることを少し考えてみたらどうでしょう、私達にできることがあれば後押しします」という位置関係に変換していくことが必要です。今のように「分かりました、難しいかもしれないけれども何とかしましょう」とまず引き受けてしまうことが正しいと思っているのが大間違いなんだということをどこかで気がつく必要があるのではないかという気がします。

② 政策選択と説明責任

よく「政策には優先順位が必要ですよ」というんですが、そんなことは付けようもないと思ってます。その意味で私は教科書のいい方はとても無責任だなと思ってます。

例えば自治体で政策を作る時に、一番配慮しなければいけないのは議員先生達でしょ。議員先生達はこの次の選挙でも票を入れてもらうためには、感謝してもらわなければいけないので、基本的には温情主義なんですよね。それが政治の基本です。パターナリズムです。

Ａ議員が政策を持ってきて、これを実現しようという。これをＡ１の政策としましょうかね。Ｂ議員が持ってくる、例えばガードレールを付けてくれと（Ｂ１）、公民館を建て替えてくれと（Ｂ２）、Ｃ議員、舗装をしてくれと（Ｃ１）、政策が一杯きまして、……… n ですね。

この中でどれが一番重要かというのを決めろというわけでしょ。できませんよ。なぜか。Ａ議員にとってみれば政治生命を賭けてこれが第一順位だと主張するに決まっているんです。「俺のところは最後でいいよ」という人がいたらお目にかかりたいわけでして、皆自分のところをまず実現せよといって政治行動を起こすわけですよね。ですから、優先順位を付けるということは容易にはできません。

この人達の関係ないところで行政が付けるのはできますよ。行政の内部で順位が付けられますが、民主主義としてはちょっとまずいのではないかと心配です。

私流の優先順位というのはどうやって付けるのかといいますと、一つの方法は後ろから付けるということです。いらなさそうだと思われるものから順位を付けていくことしかなさそうだと思っているんですね。

③　コミュニティ・カルテの作成が行政の任務

いらないものをどうやって決めるかというのが次の問題ですよね。

そのために、かつて松下圭一先生が若かりし頃に武蔵野市でコミュニティ・カルテというのを作ったんです。これがすごい。最終的には地図なんですが、こういうイメージで考えて頂くといいんですね。

横軸にあるのは何丁目何番地なんですね、コミュニティなんですね。例えば道路舗装率とかいったらそこに数字が入っています。コミュニティごとに全部はいっている。驚いたのはポストまで調べている。ポストは自治体の制度ではないだろうと思うのですが、市民生活には大切なものだから、ポストの数というのも入っているんです。舗装率、歩道のついている率とか、ガードレールがついている率とか、学校の子供を収容する数字とか、子供の数とか、何ページもあるんですよ。ありとあらゆる指標をここに落としてあるんですね。

そうすると市民集会なんかで、「あれ作れ、これ作れ」というと、「皆さんご覧ください」。まずこれをドンと出すわけですね。

「お宅は市全体の中ですごく整備率のいい方です。やりますか」と言いますと、「ああいいか」と思うんですねやはり。この材料を作るのが政策選択には不可欠だと言うお考えだったんでしょう。しかもこのデータをまとめるのは市民の方に集まって頂いて、行政から材料は出てくるんですが、それを地区ごとにずっと落としていって、地図にまで落とした作業は市民がやったんです。こういうものがあって始めて説明責任も果たせる。

「お宅のこの要望には答え難いです。ちょっと待ってください」というためには、「どうしてだ」と言われた時に、「上から言われて」というんじゃしようがないでしょう。

そこでこれを持ってきて、「実は今こんなに困っているところがあるんです。お宅はかなり水準がいいのです」ということを説明をすれば、だいたい納得して帰ります。こういうものを軸にして、全体として町の整備はどこまでやるかということまで考える必要がある。

温情主義から抜け出て、いわゆる政策選択を市民と一緒にやっていく。しかもそれに皆が納得するような、そういう仕組みの作り方というのはどうかということと、市民にも責任を持ってもらうという方向で考えていかなくてはしようがないんだよということを基本条例のどこかに入れておきたいなということです。

4　輪切り状態から地域の把握へ

四点目は輪切り状態からどうやって地域そのものの把握へ向かっていくかという方法論の確立です。これは多分、条例に書き込むことにはならないと思うんですが、でも地域という概念は基本条例の中のどこかに必要だという気はしますね。

例えば5、6歳ぐらいまでの子供たちというのは、児童福祉課が扱います。または教育委員会が幼稚園児という形で扱います。小学校、中学校は教育委員会が主として扱っている。大人になると今度は40歳からは保健所が成人病検診をやりますとかね、保健所で主婦のための何とか教室とか、お年寄りになると今度は高齢者の介護とかというふうに、だいたい年代とかで担当課が決まっている。

そうすると人々が暮らしている一軒の中に乳幼児がいて、小学生がいて、中学生がいて、親子3代いれば爺ちゃん婆ちゃんがいる。そういうふうにして一つの家庭を作って地域社会で暮らしているにもかかわらず、行政はこういうふうにしか捉えない。ましてや、このような家族がたくさん集まって地域を形成していて、この地域をどのようにしていこうかという時に、誰がこれを「地域」としてトータルに認識しているかという問題なんですね。

実は「地域」として認識しているのは政治家なんです。政治家は子供のための政策とかはあまり言いません。票になりませんから。政治家はやはり「この地域に何々を持ってくる」とか、「この地域をよくします」といって「地域割り」でみている。行政は「対象者別」に見ている。これは旨く一致していないんです。

よくそれで議会と行政との間で政策が作れるなと思うのです。何とかして地域としてつかまえていく行政の手法というものを考えたい。

そうでなければ例えば一つの町の中にもいくつかの集落とか小さな単位がありますね、そこにはそれぞれの個性があってこんな町にしたいなという想いがあっても、その声が聞こえてくる場所が役所の中にないんですよね。だから政策法務の中でも計画作りというのは結構面白い分野ですが、その計画作りをする時に「地域」というものの声が聞こえてくるセクションをどうやって行政の中に作っていくんだという問題に直面するはずです。

5　政策づくり手法の開発

①　ワークショップ方式

政策づくりの手法にはいろんなものがあります、最近流行っている「ガリバー地図」というのを知ってますか。広い体育館にその市またはコミュニティの、できるだけ大きな地図をはるんです。その上を皆で歩くんですよ。

ミニチュアなんですが模造紙を張って、例えば中之島の地域の地図をできるだけ大きく体育館に張るんです。そこには基本的な道路が描いてあって、建物が描いてあったり川が描いてあったり、その上をガリバーになったような気持ちで「ここには桜を植えよう」、「この辺にはベンチがいるぞ」とか想像しながら歩くんです。まちづくりをやっていく手法がいろいろあるんですが、いずれにしても、政策づくり手法というのは、それぞれの地域の、人々の関係によってどんどんちがったスタイルで開発していかなくてはいけないと思っております。

② 政策情報の入手 —— インターネットの活用

最近、「町づくり基本条例を作りましょう」とか、「アイデア」とかいうのがインターネットで山のように出ています。膨大な町作り条例の情報をぶら下げている自治体に、北海道の石狩市がありますす。ついこの間まで札幌の隣で石狩町という小さな町役場だったのに、いまは市になりまして、ページ数にすると本一冊ぐらいの厚さのが出てくる。

それは何がのっているかというと、まちづくり条例の条文を作るに当たって「こういう意見もあったがこういうふうに考えた」とかいう過程が全部書いてあるんですね。大変ボリュームのあるものですが、それについての私の意見を寄せるところは実はなくて、ただ打ち出してなるほどと喜んでいるだけなんですね。それは惜しいなとやはり思いますよね。

今はホームページ上に、双方の意見を載せられる手法があって、そこで意見のやり取りできるのが簡単になってますので、そういう仕組みを早く広げていってもらいたいなという気もしております。

こういうことを基本にして、じゃあ行政運営の基本原則として基本条例に一体どういう条文を載せるんだといわれると、私は何も原案をもってないんですね。ようするにこういうことを表現してみたらどういうことになるだろうかという作業を始めてみたらどうでしょうかということなんです。

それもできるだけ同じようなことを考えている仲間と、市の中だけじゃなくてインターネットなどを通じた外の情報のやりとりなんかも含めて始めてみたらどうだろうかということです。

Ⅴ　まちの将来を描く、その論点

政策法務の中では、「長期構想、長期計画を作る」、「町の将来像を示す」というのが大変大事ですが、その時に考えておきたい論点を次に掲げておきましょう。

例えば、これから先の自分たちの町はどうなるだろうかと、長期的な推測・推計をするでしょう。人口推計はだいたい厚生省の人口問題研究所のデータを使って、２００７年ぐらいから減少に向かうとか、そういうことができるわけですが、もう少し面白い大きな変化が起きるということを四点掲げておきましょう。

1　団塊の世代がまちに滞留する　なにがしかの役割意識・生産

一つは私達の世代がそろそろ勤めを終えて町に戻ってきます。このことをどう考えるか、大変深刻ですよ。今はありがたいことに昼間は会社が預かってくれていますので、地域ではあまり面倒を見ないですんだんですね。従って主として主婦や子ども達とおとなしいお年寄りを中心とした政策を遂行すればよかったのですが、団塊の世代が会社を辞めますと、会社は引き取ってくれませんので地域をうろうろし始めます。地域をうろうろし始める団塊の世代の町を想像したことがありますか。えらいことですよこれは。ということで、団塊の世代が町に滞留するという、そういう町をどう作っていくかという最大難関といいましょうか、面白い状態が現れる。

その時によく「団塊の世代はきっと会社でいろんなこともやったんだろうし、時間があるからきっと地域コミュニティ作りになんらかのことをやってくれるに違いない」という意見がありますが、違うだろうというのがある若手社会学者の反応でした。

コミュニティというのは消費と生産と両方の機能でできあがるものだ。消費協同組合というのは今ある。生産の方はといえば、生産者協同組合、ワーカーズとか一部ありますが、実は生産協同という考え方は全部会社へ持って行っているんですよ。会社がコミュニティの役割をずっと果たしてきたものだから、例えば会社相互扶助とか、上役に誘われたらまあ付き合っておかなくてはしようがないかなというような、近所付き合いに似たようなことを全部会社がやっている。怪我をしても面倒を見てくれるし、一緒に旅行にもいってくれるし、社員旅行もいってくれるし、そのような会社が持っていたコミュニティ機能をどうやって地域に作っていくか、これはすごく難しいんですね。

だから退職した人々が年金ぐらしをしている、暇だから集まってコミュニティを作れるだろうというのは絶対無理だというのがその人の意見なんです。

なぜか、生産共同体じゃないからだというんですね。ものを作るということを基本にしなければコミュニティなどということは絵空事だというふうに言っておりました。

私もなるほどなと思って、コミュニティを考える時には、せめて小さな公園でも小さな運動でも、まちづくりという観念の中に価値を生産していくという、生産の要素をどうやって取り入れていくかに気を配るようになった。そうでなければ暇な人達を集めてただ面倒を見ている、お相手をしているというだけのコミュニティ作りに終わってしまう。

そういえば私もたった5坪ですが長いこと家庭菜園をやっておりましたが、確実にコミュニティができますね。その菜園は30区画あったのですが、とにかく助け合わなくてはどう仕様もないんですよね。私のところが無農薬で頑張っているんですが皆が農薬をやると私のところにできた果実は一個も実らないんですよ。虫が私のところのを食べてしまう。お互いにもう駆除剤やめないかといったり、苗を融通し合ったり、2、3日手を付けないとキュウリなんか葉っぱが枯れてくるのですが、そういう時には誰かが水をやってくれたりする。コミュニティとはそういうものなのかなというふうに思っていたのですが、とにかく生産という要素をどうやってまちづくりということに入れていくか、大変勉強になったところです。

2 会社中心社会の終焉

同様に、今現役の会社人間も「燃え尽き症候群」とかいわれて、会社に対するロイヤリティをちょっと失いつつある。確かに４０歳代後半から子会社へ行かないかと肩叩かれて、子会社だったら重役だなと思っていったら、なんと行った先はすぐに倒産してしまったとか、いろんなケースがあって、あまり会社を信用しなくなっているということが指摘されております。

このように会社を信用しなくなった人間達が今会社を離れて３０代４０代で地域で何か起こし始める気配があるんです。

中には議員になろうという人もいるんですが、コミュニティビジネスというのも随分言われるようになりました。これとどうやってお付き合いをしていくか、あるいはできればちょっと後押ししてやるとか。こういうようなことが地域社会をもう少し生き生きさせていく要素になり得るかもしれない。そういう意味で、この若い現役世代の男たちが地域に帰ってくる。同時に会社を終わった団塊の世代が地域に帰ってくる。このようなことが、これからの町の将来を見た時にとても大きな要素になると思います。

3　生産年齢人口の急減と財政基盤

三点目に、人口推計によると21世紀中、これから100年の間に日本の人口が最悪のケースで6000万人ぐらいになってしまうというのがある。約半分の人口になるというわけです。そんなに進行するかなという声もありますが、実はもっと進むんじゃないか。少子化のスピードがちょっと予測より速いんですよね。それもすごく深刻なんですが、もっと深刻なのはわずか50年で生産年齢人口が半分になりますという推計です。

これが何故深刻かといえば、財政基盤が危うくなるということなんですね。介護保険制度にも影響します。なぜならばその人達が現行の医療保険に入ってくれていて、そこから拠出がきているわけでしょ。今まで持ってきた仕組みが生産年齢人口が下がることによって見直しが避けられなくなるということがあるんですね。これは組み込んでおいた方がいい。50年というと私には関係がないなと思いがちですが、50年で全体で5割になるということは、農村部よりは都市部が深刻ですね。農村部はとっくに減少していますね。そういう意味では財政をどうやって作っていくかということを本気に考えなければいけません。

全体の流れとしては国は悪者になりたくないからもう増税はしない。必要なお金はできるだけ地方でとって頂くという方向に向かっているでしょう。ですから説明責任というのがとても重要になってくるわけです。もちろん自治の観点からいえば税金を自分達で取って政策をやっていくのですが、その分だけあらゆる恨みと批判が地方自治体に向かってくるという時代でもあるんだということになります。

4　納得できなければ争点化　透明性の向上と説明責任

四点目は、わがままになった市民が増えておりますよということです。市民が納得できないままに何か作ろう、いいことをしようと思っても、なかなかこれは進みません。すぐ争点化して運動になってしまいます。

川崎市に岡本太郎記念館がつくられました。岡本さんの遺族が随分寄付してくれたらしい。それはもう本当に世界に誇る岡本太郎だからと、いちもにもなく飛び付いて文句なかろうと進めていったら、ちゃんと市民団体は反対しました。木を切るなといってね。森の木を切ってそこに記念館を造ろうとしたのですが、随分と長いこと揉めました。それは事業を進める側にどんな理由があろうと、否定できないほどの素晴らしいことであろうと、やはり納得できなければ事業はなかなか進まないんですね。

岡本太郎記念館を造るんであれば、もっともっと早くからどこへ造ったらいいかというところからもう少し議論すべきだったのかもしれませんが、現実問題としてはどこに造るかということの相談は難しいですよね。すぐ土地を買収に走る業者もいますのでね。ただどれぐらい木を残しつつそこに記念館を造るかという、どういう建物にするかというようなことはとても重要な論点だったと思います。

東北大学に行きますと建物が二、三階なんですよね。それはちょうど今日でいう基本条例のようなものでありまして、大学と学生達がかつて作った基本原則というのがあるそうです。それは構内にはえている木の高さよりも高い建物は造らないということを決めたということです。ですから木よりも抜きんでるような高い建物が今ありません。木の方は育ちますが鉄筋コンクリートは育ちませんので、木がずっと伸びて、とってもいい雰囲気になっているのです。そういうものが実は基本原則というものなのかなということを考えているわけです。

Ⅵ　自治体の憲法の前提　自治体職員の「常識」

最後に「自治体の憲法の前提」についてお話ししましょう。それは、自治体職員の常識そのものを見直してくださいねということです。この見直しがないまま、基本条例だけを作っても、行政はそれを実現できないと思うからです。

①「決めなくっちゃ」

「決めなくちゃならない」という常識は見直して頂いて、いや「決めなくてもいいのだ」と思って頂くという意味です。

世田谷区が公園を何とかしようという時に、「決めなくてはならない」のかなと思っていましたが、いや「決めなくてもいい」、住民がどんな公園にするかを決めてくれればいいということになった。

武蔵野市のゴミ焼却工場を建てる計画に、反対運動が起きてしまいまして、最初の候補地を白紙撤回してしまうんですね。どこかに「決めなくちゃ」と思って職員は頑張るんですが、二番目に候補地ができてそこを提案するのですが、また反対運動が起きちゃうんです、当たり前ですよね。「前のところを撤回しておいて何で俺のところに持ってくるんだ」といわれます。結局その職員はもう行政が決めることを放棄した。

もう行政が決めるのは止めよう、市民達に決めてもらおうというんで市民協議会を作って、ゴミの焼却場はどこに建てたらいいかということを1年半、あそこがいい、やれあそこがいいとやっているうちに決めました。

行政が決めなくてもちゃんと住民が決めることは時にはできるということを示した例ですが、今武蔵野市へ行きますと市役所のビルの隣がゴミの焼却場になっております。それは市民が決めたんです。周辺にもちろん住民がおります。市役所が地域振興費としてそこのまちづくり協議会になんらかの補助金を出しましょうということを提案しましたが、「いや金が欲しくてゴネていたのではない」と断わられた。その代わり、「建物の設計は私達に選ばせろ」という条件を付けました。コンペをやって、お城みたいなのが建ってますが、それともう一つは交通事故の問題がありますので、ゴミの搬入路は地下式にしろということで途中から半地下にして、子供たちの交通安全は守るというようなことを条件にした。

そういう意味では行政が何時でも決めなくてはならないというわけではありません。

②「決めてから」

それから「決まってからでなければ」というのをよく聞きますよね、これはお分かりの通りですが、決まったらお知らせしますという常識です。いや「決まってから言われたって仕様がないんだ」という単純なことでして、決まる前に公表しましょうねということですが、政府もすでにパブリックコメントというやり方で、素案の段階で公表しますという制度を実施してます。

③「時間を守る」

三点目は「時間を守る」という常識のことです。

例えば今とてもぎくしゃくしているのは埼玉県の大宮、与野、浦和の合併問題ですが、行政の頭の中には時間を守るということの一点しかありません。２００1年5月1日テープカットというこの時間を守るために、もうとにかく住民団体が反対しようが何しようが合併協議会をやって、説明会も途中で切り上げる、よく考えたら皆さんもやっているでしょう、何とかセンター造る、来年の4月1日から共用開始といったらもうそれに合わせて逆算してスケジュールを組んでいますので、説明会が長引きそうになると途中で切り上げる。

そんな時間は守らなくてもいいんだというような意味です。時間をたっぷりかけるということが必要だということです。

④「よく調べてから」

それから「よく調べてから」というのもとっても大切な常識、美風ですが、調べ方がちょっと違う。特に分権型になりますと例えば「国のマニュアルを調べてから」、「他に前例がないかと調べてから」、「県庁は何と言うかなということを調べてから」という前に、この仕事は本当に住民にとって必要であるかということが重要なのでして、あまり調べてからというのに精力を使わないで頂きたいというようなことなんです。

もう一つ調べてからの中には「上司と相談してから」というのがありますが、言っておきますが上司というのはここにも結構出世された方がいるような気がしますが、今上司になっておられる方はあの集権的なシステムの中で出世してきた人ですから、分権型には向いておりません。従ってあまり上司には相談しないというのがこれからのまちづくりにとっては大変重要なことだというふうに思っていてます。もしそのようにして今上司になられている方は若い方がやりたいといったことについて、やらしてみて頂きたい。少なくとも、若い人のやる気を邪魔しないでいただきたいということをお願いしておきます。

(本稿は二〇〇〇年十二月一日、朝日カルチャーセンターで開催された地方自治講座の講義記録を大幅に加筆し修正したものです。)

【著者紹介】
辻山　幸宣（つじやま・たかのぶ）
中央大学法学部教授（当時）
現（財）地方自治総合研究所理事・主任研究員
中央大学講師、早稲田大学講師、法政大学大学院講師。

朝日カルチャーセンター
地方自治講座ブックレットNo 4

地方自治最前線～どう実現する『政策法務』

「政策法務」は地方自治の柱づくり　―自治基本条例を考える―

２００２年７月２０日　初版発行　　　定価（本体１，０００円+税）

著　者　　辻山　幸宣
企　画　　朝日カルチャーセンター
発行人　　武内　英晴
発行所　　公人の友社
〒112-0002　東京都文京区小石川５－２６－８
ＴＥＬ０３－３８１１－５７０１
ＦＡＸ０３－３８１１－５７９５
振替　００１４０－９－３７７７３

公人の友社の ブックレット一覧

（02.6.30現在、刊行予定も含む）

―「地方自治ジャーナル」ブックレット―

No.1
水戸芸術館の実験
森啓・横須賀徹 1,166円 [品切れ]

No.2
政策課題研究の研修マニュアル
首都圏政策研究・研修研究会
1,359円

No.3
使い捨ての熱帯林
熱帯雨林保護法律家リーグ 971円

No.4
自治体職員世直し志士論
村瀬誠 971円

No.5
行政と企業は文化支援で何ができるか
日本文化行政研究会 1,166円

No.6
まちづくりの主人公は誰だ
浦野秀一・野本孝松・松村徹・田中富雄 1,166円 [品切れ]

No.7
パブリックアート入門
竹田直樹 1,166円

No.8
市民的公共と自治
今井照 1,166円

No.9
ボランティアを始める前に
佐野章二 777円

No.10
自治体職員の能力
自治体職員能力研究会 971円

No.11
パブリックアートは幸せか
山岡義典 1,166円

No.12
市民がになう自治体公務
パートタイム公務員論研究会
1,359円

No.13
行政改革を考える
山梨学院大学行政研究センター
1,166円

No.14
上流文化圏からの挑戦
山梨学院大学行政研究センター
1,166円

No.15
市民自治と直接民主制
高寄昇三 951円

No.16
議会と議員立法
上田章・五十嵐敬喜 1,600円

No.17
分権段階の自治体と政策法務
松下圭一他 1,456円

No.18
地方分権と補助金改革
高寄昇三 1,200円

No.19
分権化時代の広域行政
山梨学院大学行政研究センター
1,200円

No.20
あなたのまちの学級編成と地方分権
田嶋義介 1,200円

No.21
自治体も倒産する
加藤良重 1,000円

No.22
ボランティア活動の進展と自治体の役割
山梨学院大学行政研究センター
1,200円

No.23
新版・2時間で学べる「介護保険」
加藤良重 800円

No.24
男女平等社会の実現と自治体の役割
山梨学院大学行政研究センター
1,200円

No.25
市民がつくる東京の環境・公害条例
市民案をつくる会 1,000円

No.26
東京都の「外形標準課税」はなぜ正当なのか
青木宗明・神田誠司 1,000円

No.27
少子高齢化社会における福祉のあり方
山梨学院大学行政研究センター
1,200円

No.28
財政再建団体
橋本行史 1,000円

No.29
交付税の解体と再編成
高寄昇三 1,000円

No30
町村議会の活性化
山梨学院大学行政研究センター
1,200円

No.31
地方分権と法定外税
外川伸一 800円

No.32
市民・自治体と「有事」立法(仮)
松下圭一 [平成14年7月下旬]

―「地方自治土曜講座」ブックレット―

No.1
現代自治の条件と課題
神原勝　900円

No.2
自治体の政策研究
森啓　600円

No.3
現代政治と地方分権
山口二郎　（品切れ）

No.4
行政手続と市民参加
畠山武道　（品切れ）

No.5
成熟型社会の地方自治像
間島正秀　500円

No.6
自治体法務とは何か
木佐茂男　600円

No.7
自治と参加アメリカの事例から
佐藤克廣　（品切れ）

No.8
政策開発の現場から
小林　勝彦・大石和也・川村喜芳
（品切れ）

No.9
まちづくり・国づくり
五十嵐広三・西尾六七　500円

No.10
自治体デモクラシーと政策形成
山口二郎　500円

No.11
自治体理論とは何か
森啓　600円

No.12
池田サマーセミナーから
間島正秀・福士明・田口晃　500円

No.13
憲法と地方自治
中村睦男・佐藤克廣　500円

No.14
まちづくりの現場から
斎藤外一・宮嶋望　500円

No.15
環境問題と当事者
畠山武道・相内俊一　500円

No.16
情報化時代とまちづくり
千葉純・笹谷幸一　（品切れ）

No.17
市民自治の制度開発
神原勝　500円

No.18
行政の文化化
森啓　600円

No.19
政策法学と条例
阿倍泰隆　600円

No.20
政策法務と自治体
岡田行雄　600円

No.21
分権時代の自治体経営
北良治・佐藤克廣・大久保尚孝
600円

No.22
地方分権推進委員会勧告と
これからの地方自治
西尾勝　500円

No.23
産業廃棄物と法
畠山武道　600円

No.25
自治体の施策原価と事業別予
算
小口進一　600円

No.26
地方分権と地方財政
横山純一　600円

No.27
比較してみる地方自治
田口晃・山口二郎　600円

No.28
議会改革とまちづくり
森啓　400円

No.29
自治の課題とこれから
逢坂誠二　400円

No.30
内発的発展による地域産業の
振興
保母武彦　600円

No.31
地域の産業をどう育てるか
金井一頼　600円

No.32
金融改革と地方自治体
宮脇淳　600円

No.33
ローカルデモクラシーの統治
能力
山口二郎　400円

No.34
政策立案過程への「戦略計画」
手法の導入
佐藤克廣　500円

No.35
98サマーセミナーから
「変革の時」の自治を考える
神原昭子・磯田憲一・大和田建太郎
600円

No.36
地方自治のシステム改革
辻山幸宣　400円

No.37
分権時代の政策法務
礒崎初仁　600円

No.38
地方分権と法解釈の自治
兼子仁　400円

No.39
市民的自治思想の基礎
今井弘道　500円

No.40
自治基本条例への展望
辻道雅宣　500円

No41
少子高齢社会と自治体の福祉法務
加藤良重　400円

No.42
改革の主体は現場にあり
山田孝夫　900円

No.43
自治と分権の政治学
鳴海正泰　1,100円

No.44
公共政策と住民参加
宮本憲一　1,100円

No.45
農業を基軸としたまちづくり
小林康雄　800円

No.46
これからの北海道農業とまちづくり
篠田久雄　800円

No.47
自治の中に自治を求めて
佐藤　守　1,000円

No.48
介護保険は何を変えるのか
池田省三　1,100円

No.49
介護保険と広域連合
大西幸雄　1,000円

No.50
自治体職員の政策水準
森啓　1,100円

No.51
分権型社会と条例づくり
篠原　一　1,000円

No.52
自治体における政策評価の課題
佐藤克廣　1,000円

No.53
小さな町の議員と自治体
室崎正之　900円

No.54
地方自治を実現するために法が果たすべきこと
木佐茂男　[未刊]

No.55
改正地方自治法とアカウンタビリティ
鈴木庸夫　1,200円

No.56
財政運営と公会計制度
宮脇淳　1,100円

No.57
自治体職員の意識改革を如何にして進めるか
林嘉男　1,000円

No.58
北海道の地域特性と道州制の展望
神原勝　[未刊]

No.59
環境自治体とＩＳＯ
畠山武道　700円

No.60
転型期自治体の発想と手法
松下圭一　900円

No.61
分権の可能性
―スコットランドと北海道
山口二郎　600円

No.62
機能重視型政策の分析過程と財務情報
宮脇淳　800円

No.63
自治体の広域連携
佐藤克廣　900円

No.64
分権時代における地域経営
見野全　700円

No.65
町村合併は住民自治の区域の変更である。
森啓　800円

No.66
自治体学のすすめ
田村明　900円

No.67
市民・行政・議会のパートナーシップを目指して
松山哲男　700円

No68
アメリカン・デモクラシーと地方分権
古矢旬　[未刊]

No.69
新地方自治法と自治体の自立
井川博　900円

No.70
分権型社会の地方財政
神野直彦　1,000円

No.71
自然と共生した町づくり
宮崎県・綾町
森山喜代香　700円

No.72
情報共有と自治体改革
ニセコ町からの報告
片山健也　1,000円

No.73
地域民主主義の活性化と自治体改革
山口二郎　600円

No74
分権は市民への権限委譲
上原公子　1,000円

No.75
今、なぜ合併か
瀬戸亀男　800円

No.76
市町村合併をめぐる状況分析
小西砂千夫　800円

No.77
自治体の政策形成と法務システム
福士明　[平成14年8月下旬]

No.78
ポスト公共事業社会と自治体政策
五十嵐敬喜　800円

No79
男女共同参画社会と自治体政策
樋口恵子　［未刊］

No.80
自治体人事政策の改革
森啓　800円

No.81
自治体とＮＰＯとの関係
田口晃　［平成14年8月中旬］

No.82
地域通貨と地域自治
西部忠　［平成14年8月下旬］

No.83
北海道の地域経済を考える
内橋克人　［平成14年9月中旬］

No84
地域おこしを考える視点
矢作弘　［平成14年9月下旬］

No.85
これからの地域、これからの思想
内山節　［平成14年11月中旬］

No.86
市民社会の再生と地方自治
篠原一　［平成14年11月下旬］

No.87
大都市における自治のあり方
神原勝　［平成14年12月中旬］

No.88
自治体における計画と評価
佐藤克廣　［平成14年12月下旬］

No89
公共事業をめぐる国と自治体とは
～国との法的対話の実践から～
原誠一　［平成15年1月下旬］

No.90
協働の仕組み～思想と制度
森啓　［平成15年1月下旬］

No.91
協働のまちづくり
～三鷹市のさまざまな取り組みから～
秋元政三　［平成15年2月中旬］

—朝日カルチャーセンター
地方自治講座ブックレット—

No.1
自治体経営と政策評価
山本清　1,000円

No.2
ガバメント・ガバナンスと行政評価システム
星野芳昭　1,000円

No.3
三重県の事務事業評価システム
太田栄子　［未刊］

No.4
政策法務は地方自治の柱づくり
辻山幸宣　1,000円

No.5
政策法務実現のためのポイント
北村喜宣　［平成14年10月下旬］

— TAJIMI CITYブックレット —

No.3
これからの行政活動と財政
西尾勝　1,000円